BEI GRIN MACHT SICH IHR WISSEN BEZAHLT

- Wir veröffentlichen Ihre Hausarbeit,
  Bachelor- und Masterarbeit

- Ihr eigenes eBook und Buch -
  weltweit in allen wichtigen Shops

- Verdienen Sie an jedem Verkauf

Jetzt bei www.GRIN.com hochladen und kostenlos publizieren

Informelles Lernen mit Rapper Kontra K

Allegra Goltz

Bibliografische Information der Deutschen Nationalbibliothek:

Die Deutsche Nationalbibliothek verzeichnet diese Publikation in der Deutschen Nationalbibliografie; detaillierte bibliografische Daten sind im Internet über http://dnb.d-nb.de abrufbar.

ISBN: 9783346480934
Dieses Buch ist auch als E-Book erhältlich.

© GRIN Publishing GmbH
Nymphenburger Straße 86
80636 München

Druck und Bindung: Books on Demand GmbH, Norderstedt Germany
Gedruckt auf säurefreiem Papier aus verantwortungsvollen Quellen

Das vorliegende Werk wurde sorgfältig erarbeitet. Dennoch übernehmen Autoren und Verlag für die Richtigkeit von Angaben, Hinweisen, Links und Ratschlägen sowie eventuelle Druckfehler keine Haftung.

Das Buch bei GRIN: https://www.grin.com/document/1104316

Ruhr-Universität Bochum
Institut für Erziehungswissenschaft

1. Fachsemester

Liedtexte des deutschen Rappers Kontra K als informelles Lernen. Eine Analyse von ausgewählten Liedtexten auf lerntheoretischer und subjektwissenschaftlicher Basis

Allegra Goltz

Inhaltsverzeichnis

1. Einleitung

Das Medium Musik ist ein großer Bestandteil unserer Gesellschaft und Kultur und gehört bei immer mehr Menschen zur alltäglichen Praxis. Die Musik hat auf die Menschen einen sehr großen Einfluss, welcher sowohl auf bewusster, als auch auf unbewusster Weise auftritt. In dieser Hausarbeit wird versucht aufzuzeigen, welchen Einfluss Musik tatsächlich auf die Menschen, insbesondere auf die Jugend, hat. Dabei steht die Subjektwissenschaft im Vordergrund.

Musik war schon immer ein einflussreiches Medium, welches Menschen berührt, bewegt und verändert. Durch die Musik werden Emotionen ausgedrückt und ausgelöst, sowie neue Welten erschaffen, in die jeder aus dem alltäglichen Leben entfliehen kann. Über Musik gewinnt man Freiheit, Selbstwahrnehmung, Weltwahrnehmung und eine Steigerung des Lebensgefühls.

Darüber hinaus sind Bildung und Lernen zentrale Begriffe in der heutigen leistungsorientierten Gesellschaft, in der stets die Optimierung des Selbst und der Wettbewerbsgedanke im Vordergrund stehen. Diese zwei Begriffe gewinnen immer mehr an Bedeutung und prägen vor allem den Lebensabschnitt Jugend, auf die die Leistungsgesellschaft einen großen Druck ausübt. Heutzutage wird kontrovers diskutiert, ob und inwieweit man nicht nur durch anerkannte Bildungsinstitutionen wie die Schule, sondern auch informell zu jeder Zeit an jedem Ort lernt. Diese neue Bildungsform nennt man das non-formale beziehungsweise das informelle Lernen.

So liegt die Behauptung nahe, dass man ebenfalls durch das Hören von Musik und von bestimmten Liedtexten informell lernt. Um diese Hypothese zu verifizieren, werden in dieser Hausarbeit auf subjetwissenschaftlicher Basis anhand von Klaus Holzkamps Lerntheorie Liedtexte des deutschen Rappers Kontra K dargestellt und analysiert. Das Hauptziel dieser Arbeit ist herauszukristallisieren, inwieweit man durch Deutschrap informell lernen kann.

Dazu werden zunächst die Begriffe Musik, Rap und informelles Lernen definiert. Danach werden in Grundzügen die subjektwissenschaftliche Lerntheorie Holzkamps, sowie der deutsche Rapper Kontra K und seine Liedtexte vorgestellt. Darauf aufbauend werden ebendiese Liedtexte mit Bezugnahme auf das informelle Lernen und auf Klaus Holzkamps Lerntheorie analysiert. Zuletzt werden die Aspekte und Ergebnisse subsumiert, um darzustellen, inwieweit man durch Deutschrap informell lernt.

2. Begriffserklärung

2.1 Musik und Rap

Das Etymon *musikós* des Wortes Musik ist griechischer Herkunft und beschrieb ursprünglich die Dicht- und Tanzkunst in der Antike. Der Duden beschreibt Musik als „Kunst, Töne in bestimmter […] Gesetzmäßigkeit hinsichtlich Rhythmus, Melodie, Harmonie zu einer Gruppe von Klängen und zu einer stilistisch eigenständigen Komposition zu ordnen".

Trotz vieler verschiedener Definitionsversuche werde es niemals die eine richtige Definition geben, da Musik zahlreiche Standpunkte, Merkmale und Bedeutungsinhalte habe (vgl. Langenbach, 1994, S.14). Heinrich Hüschen beschreibt Musik als eine Melodie im Zusammenspiel mit einem bestimmten Text, welche eine Verankerung im Geiste des Menschen sei, nicht nur bestehend aus Tönen, viel eher aus einem geistigen Prinzip. Hier wird die emotionale und geistige Komponente stark in Betracht gezogen. Etwas allgemeiner gefasst sei dieses Phänomen universell und heute im Alltag stark vertreten, von Kultur zu Kultur unterschiedlich und somit auch sehr vielschichtig (vgl. Langenbach, 1994, S.15).

Eine bestimmte Form der Musik ist der Rap beziehungsweise der Sprechgesang. Dieser ist „[…] ein Subgenre der Hip-Hop-Kultur […], das sich vor allem über bestimmte Stilmittel, Themenfelder und Sprachcodes definiert" (Szillus, 2012, S.41). Von den Vereinigten Staaten gelangte diese Musikrichtung im Jahre 1933 nach Deutschland. Sie lebe von sozialen Themen wie Ungleichheit oder Unterdrückung und errege ihre Aufmerksamkeit durch Schicksale, Aufstiegsfantasien, Orientierungen oder Wünsche anderer Menschen. Somit gewähre Rap einen Einblick in unterschiedliche Bereiche der heutigen Gesellschaft (vgl. Straub, 2012, S. 8f).

2.2 Das informelle Lernen

Das Verb *lernen* bedeutet im Allgemeinen, dass neues Wissen, Kenntnisse oder Kompetenzen aneignet und diese im Gedächtnis eingeprägt werden. Ein Individuum reagiert auf etwas Unbekanntes so, dass neue kognitive Strukturen gewonnen werden. Dieses Lernen erfolge nicht nur formal, sondern auch non-formal oder informell.

Das informelle Lernen grenzt sich vor allem dadurch von dem non-formalen und formalen Lernen ab, dass es weder intentional noch organisiert ist. Das formale Lernen findet hauptsächlich in formalen Bildungsinstitutionen statt und ist gekennzeichnet durch den staatlich anerkannten Abschluss, den man dort anschließend erreicht. Das non-formale Lernen hingegen ist bewusst, strukturiert und geplant, zieht letzten Endes jedoch kein offizielles Bildungszertifikat mit sich. Beispiele für Kontexte dieser Art des Lernens sind freiwillige Jugendarbeit oder Organisationen.

Ungefähr 70% aller Lernprozesse finden nicht in Bildungsinstitutionen statt und sind somit nicht formal (vgl. Dohmen, 2001, S. 7). Das informelle Lernen ergibt sich aus dem alltäglichen Leben. Es ist meist nicht beabsichtig oder kontrolliert, sondern unbewusst und beiläufig. Aus diesem Grund wird diese Art des Lernens und der Wissenserweiterung meist nicht wahrgenommen. Ein weiteres Merkmal des informellen Lernens ist, dass es durch das Subjekt selbst und nicht durch andere Personen oder Institutionen organisiert oder arrangiert ist und nur in Zusammenhang mit anderen Tätigkeiten außerhalb von formalen Institutionen stattfindet. Im Allgemeinen basiert das informelle Lernen auf Situationserfassung, Einfühlung oder auf Reizaufnahme.

So kann man festhalten, dass „[i]nformelles Lernen [...] ein instrumentelles Lernen [ist], ein Mittel zum Zweck. Der Zweck ist -im Gegensatz zum formalen Lernen- nicht das Lernen selbst, sondern die bessere Lösung einer außerschulischen Aufgabe, einer Situationsanforderung [oder] eines Lebensproblems [...]" (Dohmen, 2001, S. 19).

3. Holzkamps subjektwissenschaftliche Lerntheorie

Klaus Holzkamp (1927-1995) gilt als Begründer der „Kritischen Psychologie" und der für diese Arbeit bedeutende subjektwissenschaftliche Theorie des Lernens.

In der Subjektwissenschaft lege das Individuum selbst fest, was und weshalb es etwas lernen möchte. Dabei steht ein selbstgesetztes Ziel im Fokus, welches bestimmt, was man erreichen, machen oder werden möchte. Dies bedeutet, dass jedes Individuum die Konditionen und Bedingungen um sich herum selbst verändern kann und möchte (vgl. Holzkamp, 1997, S.164).

Nach Holzkamp stehe die Intention des Individuums im Mittelpunkt. Er sieht „[...] das Lernen als inhaltlich interessierte Eigenbewegung des lernenden Subjekts [...]" (Holzkamp, 1997, S. 167). Dies bedeutet, dass man nicht mehr durch oder wegen anderer Menschen, sondern aus Eigeninteresse lernt. Es gebe zuerst Lebensinteressen, eine Problemsituation oder eine Handlungsproblematik, auf die schließlich Bewältigungshandlungen, eine Bedrohungs-Abwehr oder Weltverfügungen folgen. Somit sieht Holzkamp das Lernen als Lebensbewältigung. Wenn also die Kompetenzen oder das Wissen eines Individuums für eine Problematik, eine Situation oder für eine Handlung nicht ausreichen, eigne es sich selbstständig neue Kompetenzen beziehungsweise neues Wissen an.

Holzkamp erachtet nicht nur den Prozess der Wissens- und Kompetenzaneignung als wichtig, sondern auch die Begründung für ebendiesen Prozess. Die Begründungen für das Lernen oder für die eigenen Handlungen sollten keine Bedingungen enthalten, sondern bestenfalls aus Eigeninteresse entstehen (vgl. Holzkamp, 1997, S. 261). Handlungen können nach Holzkamp beispielsweise defensiv oder expansiv begründet, sowie partizipativ, definitiv oder affinitiv sein.

Ein defensiv begründetes Lernen habe viel mit Disziplinierung, Kontrolle oder Zwang zu tun. Hier werden das Eigeninteresse, sowie das Lerninteresse und die Lernmotivation durch Zielorientierung und Bewältigungszentrierung zurückgedrängt und gar nicht beachtet (vgl. Holzkamp, 1997, S. 285). Es gehe dem Individuum nur darum, Konflikte oder Nachteile zu umgehen. Ein Beispiel dafür ist das halbherzige Lernen für eine Prüfung, um nicht durchzufallen. Man lernt, weil man lernen muss und fokussiert sich somit nicht auf den Lerninhalt, sondern auf die Bewältigung der Anforderung unter Minimierung des eigenen Lernaufwandes.

Begründet man das Lernen jedoch expansiv, so stehen die eigene Motivation, das Eigeninteresse und die Selbstverwirklichung im Mittelpunkt. Hier lerne man, weil das Wissen von einem selbst als wissenswert, interessant oder nützlich erachtet werde (vgl. Holzkamp, 1997, S. 199). Dieses Lernen sei nach Holzkamp produktiver. Die affinitive und definitive Lernphase gehören zu dem expansiven Lernen. Der Mensch löse sich in der affinitiven Phase von dem Organisierten, Geregelten und von dem disziplinierenden Lernen. Er unterbricht beispielsweise seine Lernphase und macht eine Pause, um das Gelernte zu verfestigen oder Lernblockaden zu überbrücken. Danach finde das definitive Lernen statt, in dem sich einem neuen Komplexitätslevel zugewandt werde (vgl. Holzkamp, 1997, S. 226f.).

Ein partizipatives Lernen sei gekennzeichnet durch ein aktives Einbringen des Lernenden durch Fragen, Mitmachen oder Zuschauen, wodurch unterschiedliche Praxiserfahrungen gesammelt werden und der Lernende kompetenter werde (vgl. Holzkamp, 1997, S.208).

Holzkamp bezieht sich in seinen Werken auch auf die Musik. Er behauptet, dass durch Musik Werte und neue Erfahrungen vermittelt werden, da es eine Wechselwirkung zwischen der Musik und dem eigenen Leben gebe. Außerdem werden beim Hören von Musik bestimmte Prozesse der Aufmerksamkeit und der Wahrnehmung gefördert (vgl. Holzkamp, 1997, S. 235f.).

Insgesamt besagt die subjektwissenschaftliche Lerntheorie Holzkamps, dass jedes Individuum selbstständig und bewusst, aber auch unbewusst lernen kann und sich somit selbst individuelle Ansichten, Wissen oder Kompetenzen aneignet.

4. Der Rapper Kontra K und seine Liedtexte

Der deutsche Rapper Kontra K, mit bürgerlichem Namen Maximilian Diehn, wurde am 3. Juli 1987 in Berlin geboren. Er selbst wuchs in schwierigen Verhältnissen auf, brach in seinem 16. Lebensjahr die Schule ab und wollte sowohl seiner Rap- Karriere, als auch seiner präferierten Sportart Kickboxen nachgehen. Kontra K wurde 2006 von dem Rapper *Kaisaschnitt* entdeckt und steht bei dem Label BMG unter Vertrag.

Im Jahre 2010 veröffentliche er sein erstes Album *Dobermann*. Sein zweites Album *Was die Zeit bringt* erschien zwei Jahre später. In den darauffolgenden Jahren wurden seine Alben *Auf Teufel komm raus* (2013), *12 Runden* (2013), *Wölfe* (2014), *Aus dem Schatten ins Licht* (2015), *Labyrinth* (2016) und *Gute Nacht* (2017) veröffentlicht. Mit dem Album *Labyrinth* hatte der Rapper bisher den größten Erfolg mit dem Erreichen des ersten Platzes der deutschen Albencharts.

Rapper stellen häufig in ihren Liedern ihre eigene Einstellung und Denk- und Verhaltensweisen, sowie ihre Identität dar, womit sie häufig zu einem Identitätsanbieter für ihre Hörer werden (vgl. Seelinger/ Dietrich, 2012, S. 22). Dies beweist, dass nicht nur die Musik, sondern auch die Musikanten, in diesem Fall der Rapper Kontra K, einen großen Einfluss auf die Menschen haben können. In seinen Liedtexten werden, wie bereits erwähnt, persönliche Werte und Einstellungen dargestellt und vorgelebt, welche von seinen Hörern (un-)bewusst übernommen werden können.

In Kontra Ks Liedern werden besonders Werte und Themenbereiche wie Loyalität, Kampfgeist oder Disziplin angesprochen. Durch seine privaten Aktivitäten als Kampfsportler erscheinen häufig Elemente aus dem Kampfsport in seinen Liedtexten. Ein Beispiel für diese Werte ist das Lied „Erfolg ist kein Glück" (Kontra K, L. 3). Bei der Betrachtung des Liedtitels lässt sich vermuten und feststellen, dass das Lied Werte wie Kampfgeist, Ausdauer und Disziplin thematisiert. Es handelt von dem harten Weg zu dem Erreichen eines Ziels. Man müsse sich selbst verbessern und an sich arbeiten, damit man ein Ziel erreicht und erfolgreich sein kann. Hier stehen vor allem der eigene Ehrgeiz und die Disziplin im Mittelpunkt. Dieses Lied ist jedoch kein Einzelfall, da in verschiedenen Liedern Kontra Ks ähnliche Kontexte und Inhalte thematisiert werden.

Zitate wie „[g]rausame Welt, Hauptsache Geld" (L.4, Z. 46) verdeutlichen eine enorme Kritik gegenüber der Gesellschaft. Häufig tauchen Stellen auf, in denen er auf den zunehmenden Kapitalismus, die Korruption, die Habsucht und auf die verminderte Loyalität und Güte der Menschen eingeht. Kontra K distanziert sich von solch einer Gesellschaft und ordnet sich selbst Werten wie

Loyalität, Hilfsbereitschaft oder Gutmütigkeit zu, was ebenfalls in seinen Liedern wiedergespiegelt wird.

Dass Kontra K selbst schwierige Zeiten hatte und aus seinen Fehlern gelernt hat, lässt sich aus Liedstellen wie „[h]andel nicht mehr mit Gift, hab mich wieder im Griff" (L.4, Z. 72) schließen. Das Gift steht hierbei für den Drogenkonsum. Dadurch gewinnt er einerseits an Glaubwürdigkeit, da er seine negative Vergangenheit und Fehler nicht vor der Öffentlichkeit versteckt und somit ehrlich und authentisch wirkt. Andererseits könnte sich durch den früheren Dogenkonsum ein negativer Ruf und Vorurteile entwickeln, die die Menschen abschrecken und ihn als unglaubwürdig und unvernünftig darstellen. Kontra K bringt häufig seine eigenen negativen Erfahrungen in seine Liedtexte ein, distanziert sich von dem Drogenkonsum und versucht dabei, Ratschläge und Warnungen an seine Hörer weiterzugeben, damit seine Hörer aus seinen Fehlern lernen.

So kann man sagen, dass der Rapper in vielerlei Hinsicht eine Vorbildfunktion für die Jugend hat. In einem Interview mit Maria Timtschenko von der Nürnberger Zeitung *Nordbayern* äußerte Maximilian Diehn sich selbst zu seinem Rap mit den Worten: „Ich mache die Musik, […] um anderen etwas mitzugeben […]" (Kontra K, 28.02.2015).

5. Kontra Ks Liedtexte als informelles Lernen mit Bezugnahme auf Holzkamps Lerntheorie

Ungefähr 75% aller Jugendlichen gehen aktiv mit Musik um und singen die Liedtexte mit (vgl. Müller, 1990, S. 223). Dies führt zu einer Verinnerlichung der gesprochenen Worte oder unbewussten informellen Lernhandlungen, sowie zu einer unbewussten Identifikation mit dem Sänger beziehungsweise der Sängerin, da meistens aus der Ich-Perspektive gesungen wird. Bei genauerer Betrachtung von Kontra Ks Liedtexten werden auch dort informelle Lernhandlungen inverriert und angeregt. Des Weiteren sind ebenfalls bestimmte Aspekte aus Klaus Holzkamps subjektwissenschaftlicher Lerntheorie wie beispielsweise das expansiv oder defensiv begründete Lernen, das Modelllernen und das Lernen von Situations- und Problembewältigungen in seinen Liedern zu finden.

Das expansiv begründete Lernen nach Holzkamp wird in seinen Texten vor allem durch das häufige Ansprechen von Ehrgeiz und Willen untermauert. Sätze wie „[e]in Wille wie Granit tötet all deine Schwächen" (L.6, Z. 28) und „[...] nur wer keinen Bock hat, hat Gründe, doch wer wirklich will, findet immer einen Weg" (L.6, Z. 71f.) unterstreichen, dass man jedes Ziel erreichen kann, wenn man es wirklich möchte und daran festhält. Dabei sei es nach Kontra K stets wichtig, viel in ein Ziel zu investieren. Die Liedstelle „[e]s liegt an dir, wie viel Willen und Kraft du investierst, [w]ie viel Liebe, wie viel Zeit [...]" (L.6, Z. 15f.) beweist, dass man viel Arbeit, Zeit und Kraft aufbringen muss, um letzten Endes erfolgreich zu sein. Auch das sich wiederholende Üben für etwas, das man nicht auf Anhieb schafft, bezieht Kontra K mit in seine Texte ein: „Talent ist nur Übung und Übung macht den Meister." (L.3, Z. 16). Durch diese Liedstelle erklärt er seinen Hörern, dass man nicht aufgeben darf, wenn man etwas erreichen möchte, auch wenn man vorerst scheitert. Kontra K lehrt somit die Wichtigkeit von Übung.

Um ein Ziel zu erreichen, müsse man nach Kontra K viel Ausdauer haben: „Ausdauer ist der Schlüssel für den Ruhm." (L.3, Z. 62). Darüber hinaus schenkt er möglichen Schwierigkeiten und Konflikten Beachtung durch Liedstellen wie „[...] auch wenn es dann schwer wird, halt den Schmerzen noch Stand, beiss [sic!] deine Zähne zusammen [...]" (L.9, Z. 1f.) und lehrt so den Hörern, dass auch unerwartet Probleme auftreten können, welche jedoch nicht Oberhand gewinnen sollten. Hier berücksichtig er den Aspekt des Scheiterns, der von Holzkamp ebenfalls beachtet wird. Auch Holzkamp ist der Meinung, dass man durch eigene Fehler lernt und sich weiterentwickelt.

Mit Worten wie „[i]nhalier den Gedanken des Sieges, dann heb wieder die Fäuste hoch und kämpf" (L.1, Z. 22) oder „[d]u sagst du kannst nicht, dann willst du nicht- ganz einfach" (L.3, Z. 15) motiviert Kontra K seine Hörer und rät ihnen, ihre Ziele im Fokus zu behalten und sie nicht aufzugeben. Außerdem macht er deutlich, dass Ehrgeiz und Willensstärke Menschen, die ein Ziel erreichen wollen, positiv beeinflussen.

Auch Holzkamp spricht Willenskraft und Zielstrebigkeit in seiner Theorie mit den expansiven Lerngründen an. Eigeninteresse und Motivation spielen hierbei ebenfalls eine große Rolle. Die Aussage „Lernmotive, Lerneinstellungen und Lernhandlungen sind untrennbar miteinander verbunden" (Kühn, 1987, S.99) beweist, dass die Voraussetzung jeder Lernaktivität und -handlung die individuellen Motive und die damit verbundenen persönlichen Einstellungen sind. Dieser Punkt findet sowohl in Holzkamps Theorie, indem er die expansiven Lerngründe thematisiert, als auch in Kontra Ks Liedtexten Beachtung.

Des Weiteren lassen sich defensive Lerngründe nach Holzkamp in Kontra Ks Liedern wiederfinden. Mit dem Satz „[n]ie wieder würde ich Schule schmeißen nur für das, was Spaß macht." (L.8, Z. 29) beschreibt er die Schule als Institution, in der man hauptsächlich defensiv begründet und formal lernt. Trotzdem spricht er die Notwendigkeit dieses Lernens an und motiviert seine Hörer dazu, sich stets weiterzuentwickeln und sein Bestes zu geben, auch wenn dieses Lernen selbst nicht als interessant oder notwendig wahrgenommen wird. Er spricht aus eigener Erfahrung und bereut es, die Schule abgebrochen zu haben. Dies kann als Rat für seine Hörer erkannt werden, welche aus seinem Fehler lernen sollen.

Holzkamp beschreibt in seinen Werken eine Problem- und Situationsbewältigung, durch die man lernt und sich weiterentwickelt. Auch Kontra K nimmt diesen Aspekt in seinen Liedern auf, indem er beispielsweise „[w]enn ich stürze, [...] steh ich härter auf und fliege" (L.3, Z. 35) oder „[d]enn nur die Schmerzen jedes Kampfes sind der Grund, warum ich stark bin" (L.7, Z. 4) singt. Er möchte damit den Hörern den Aspekt des Scheiterns näherbringen. Genau wie Holzkamp ist Kontra K der Meinung, dass Fehler, Konflikte und Probleme einem Menschen helfen, sich selbst zu verbessern. Man lerne aktiv und wachse an gescheiterten Handlungen.

Darüber hinaus hat Kontra K eine Vorbildfunktion für seine Hörer. Liedstellen wie „[f]ressen, saufen, kiffen, aber nicht bei mir" (L.6, Z. 41) machen deutlich, dass er sich von Drogen distanziert. Jugendliche seien nicht nur auf Identitätssuche, sondern auch auf der Suche nach Vorbildern und nach Orientierung. Durch die Globalisierung und die damit verbundene zunehmende Individualisierung werde der Fokus hierbei nicht mehr auf die Eltern gerichtet, sondern vielmehr auf die Medien (vgl. Wegener, 2007, S. 185). Somit orientieren sich Jugendliche heute am Anfang des 21. Jahrhunderts bei ihrer Identitäts- und Vorbildersuche an unterschiedlichen Medien. Da die Musik ein weit verbreitetes und alltägliches Medium ist und Rap unter Jugendlichen stets populärer wird, richtet sich diese Suche vor allem danach. Kontra K stellt Werte, Einstellungen, Orientierungen und verschiedene Lösungswege für Konflikte oder Probleme in seinen Liedtexten auf. Durch seine Distanzierung zu dem Drogenkonsum und das Pointieren von Disziplin, Ausdauer und Willenskraft zeigt er seinen Hörern einen möglichen Weg der Situationsbewältigung und der eigenen Lebenseinstellung.

Auch Holzkamp unterstreicht die Bedeutung des beobachtenden Lernens bzw. des Modelllernens (vgl. Holzkamp, 2009, S. 325). Ein Mensch lerne nicht nur durch eigene Aktivität, sondern auch von anderen Menschen, die einem etwas vorleben. Die Vorbildfunktion Kontra Ks ist somit für die Hörer eine informelle Form des Modelllernens. Sie hören und sehen, wie er lebt, was er denkt und wie er sich in schwierigen Situationen verhält und eignen sich ebendieses Verhalten an.

Auch andere Werte und Denk- und Verhaltensweisen werden informell durch Kontra Ks Liedtexte vermittelt.

Einer dieser Werte ist die Loyalität. Kontra K spricht den Verlass und die Treue gegenüber der Familie und der Freunde an. Sätze wie „[r]eich mir die Hand, denn auf mein Wort ist Verlass." (L.9, Z. 31) oder „[…] immer loyal zur Familie" (L.9, Z. 67) betonen die Bedeutung von ehrlichen und vertrauenswürdigen Charakterzügen. Er lehrt seinen Hörern, dass es in der heutigen leistungsorientierten und egoistischen Gesellschaft umso wichtiger ist, solch ein Mensch für seine Freunde und Familie zu sein.

Besonders das Selbstvertrauen und der Glaube an einem selbst werden durch Kontra Ks Texte geschult. Er rät seinen Hörern: „Glück nicht verwechseln mit Können, aber dein Können niemals anzweifeln." (L.3, Z. 4). Motivierend werden somit eigene Stärken, Kompetenzen und Möglichkeiten thematisiert, wodurch man sich informell Selbstbewusstsein und Selbstvertrauen aneignet.

Wie bereits erwähnt, seien die Disziplin und der Ehrgeiz nach dem deutschen Rapper die Grundlage für alles menschliche Geschehen. Die Liedstellen „[a]llein der Ehrgeiz überschreitet Grenzen" (L.6, Z. 27) und „[g]ewinnen oder verlieren ist egal, wenn du nur kämpfst, denn Charakter ist das Resultat all unserer Schlachten." (L.1, Z. 46f.) lehren, dass es wichtig ist, ehrgeizig zu kämpfen, nicht aufzugeben und dass man an eigenen Problembewältigungen wächst. Durch das Scheitern und durch eigene Fehler entwickele man sich weiter. Hier lernt man informell, dass es nicht wichtig ist, zu gewinnen, sondern, dass man selbst Erfahrungen sammelt, von denen man später profitieren kann. Somit annektiert man sich Selbstachtung und Stolz. Dabei habe die Hoffnung für Kontra Keinen hohen Stellenwert, denn „[…] solange nur ein Funken von [ihr] bleibt, stoppt uns keiner" (L.5, Z. 43). Mit dieser Liedstelle konfrontiert er seine Hörer mit der Notwendigkeit der Hoffnung. Dieser Wert untermauert die Tatsache, dass man an sich selbst glauben und stets positive Erwartungen haben soll.

Darüber hinaus lernt man durch Kontra Ks Texte, welche Nebenwirkungen Drogen auf einen Menschen haben können. Der Konditionalsatz „[…] hätt ich nie gekifft wie ein Junkie, wär mein Gehirn noch in Topform" (L.8, Z. 10f.) zeigt einerseits, dass der Rapper eigene Erfahrungen in diesem Bereich gesammelt hat und andererseits, dass Drogen wie Marihuana schwere Auswirkungen auf den menschlichen Körper haben können. In vielen seiner Lieder geht es darum, dass er den Drogenkonsum bereut. So schreckt er seine Hörer davon ab und rät ihnen, sich von dem Drogenkonsum zu distanzieren. Menschen konsumieren aus unterschiedlichen Gründen Drogen, wobei der häufigste Grund die eigenen Probleme sind, welche man nicht bewältigen kann. Durch Kontra Ks Liedtexte werden wie bereits erwähnt den Hörern positive und produktive Alternativen und Lösungswege vorgeschlagen, welche sich klar von dem Drogenkonsum abgrenzen.

Außerdem positioniert Kontra K sich zu der Integrationsthematik, indem er sagt: „[…] jeder schafft's schon, ob Alex oder Mahmut." (L.2, Z. 35). Er unterstreicht, dass jeder Mensch, egal welcher Herkunft, ein bestimmtes Ziel erreichen und erfolgreich sein kann. Des Weiteren macht diese Liedstelle deutlich, dass der soziale Ehrgeiz dabei als Motivation dient, da jedes Individuum nach Anerkennung und Erfolg strebt. Hier lehrt der Rapper, dass man nicht zwischen Menschen differenzieren sollte, da in jedem Menschen ein gewisses Potenzial steckt und jeder Mensch gleich angesehen werden sollte. Demnach werden seine Hörer mit dem Menschenrechtsverbot der Diskriminierung konfrontiert.

6. Schluss

Zusammenfassend lässt sich sagen, dass das omnipräsente Medium Musik Menschen beein-flusst und sie auf vielen Ebenen und in unterschiedlichen Bereichen wie ihr Lernverhalten, Sozi-alverhalten, emotionales Verhalten und ihr Denken verändert. Das Hören von Musik ist ein sozia-ler und emotionaler Prozess, „[…] in dem das Individuum Bezüge zwischen musikalischen Merk-malen und seinem emotionalen und sozialen Leben herstellt" (Müller, 1990, S. 136f).

Der deutsche Rapper Kontra K vermittelt seinen Hörern Werte wie Loyalität, Disziplin oder Selbst-bewusstsein. Darüber hinaus motiviert er sie, stärkt ihr Selbstbewusstsein und fordert sie mit sei-nen Liedtexten zum Tun auf. Darüber hinaus formt er ein Ideal des Charakters eines Menschen, indem er beispielsweise Treue, Willenskraft, Ehrgeiz oder Hoffnung anspricht und pointiert. Um seinen sozialen Standpunkt zu verdeutlichen und diesen auch an seine Hörer weiterzugeben, lehrt er unter anderem Aspekte aus der Menschenrechtsbewegung.

Außerdem hat Kontra K eine Modell- und Vorbildfunktion, da er mit seinen Liedern auf existenzi-elle Grundfragen antwortet. Er thematisiert eigene Ausweglosigkeit und den damit verbundenen Drogenkonsum und lehrt seinen Hörern Konsequenzen und Folgen dieses Konsums. Als Lö-sungsansatz für diese negative Art der Problem- und Konfliktbewältigung stellt er positive Aspekte der Handlungsmöglichkeiten und Denk- und Verhaltensweisen wie beispielsweise Zielstrebigkeit, Willenskraft, aber auch Hoffnung auf.

In der Subjektwissenschaft legt das Individuum selbst fest, aus welchem Grund es etwas Neues lernen möchte, wobei stets ein selbstgesetztes Ziel im Fokus steht. Demnach unterstreicht Klaus Holzkamp die Intention und das Eigeninteresse des Individuums und formuliert dafür das expansiv begründete Lernen, welches sich insbesondere durch den Wunsch der Selbstverwirklichung und des eigenen Interesses auszeichnet. Durch Deutschrap können expansive Lerngründe, sowie eine eigene Lernmotivation gewonnen werden, da in Raptexten unterschiedliche Aspekte der Selbstverwirklichung und der Übung zur Perfektion vorkommen. So lernt und übernimmt man ein Bewusstsein und eine Einstellung gegenüber der eigenen Leistungen, die zu vollbringen sind, um ein selbstgesetztes oder ein notwendiges Ziel zu erreichen.

Das informelle Lernen basiert insbesondere auf Situationserfassung und Reizaufnahme, welche durch das Hören von Musik gefördert werden kann. Bezüglich des Ziels dieser Arbeit, heraus zu kristallisieren, inwieweit man informell durch Deutschrap lernen könne, kann man festhalten, dass man auf unterschiedlichen Ebenen Neues erfährt.

Einerseits bildet man sich auf einer sozialen und gesellschaftlichen Ebene weiter, indem man verschiedene Meinungen zu einem bestimmten Themenbereich hört, sowie von dem Leben und persönlichen Erfahrungen, ob positiv oder negativ, anderer Menschen erfährt. Des Weiteren befassen sich Liedtexte des Deutschrap häufig mit verschiedenen Aspekten der Problematik und den Konflikten der heutigen Zeit und der Gesellschaftskritik.

Andererseits erlangt man neue Erkenntnisse und Kompetenzen auf der personalen Ebene, welche die eigene Identität und das eigene Leben betreffen. Man kann die Sänger beziehungsweise die Rapper als Vorbilder nehmen, ihre Einstellungen kennenlernen und übernehmen. Außerdem werden bestimmte Problem- und Konfliktlösungswege dargestellt, die sich ein Individuum wahrnehmen und aneignen kann. So kann Deutschrap zur Formung des eigenen Bewusstseins und der eigenen Denk- und Verhaltensweisen beitragen.

Insgesamt kann man sagen, dass durch Deutschrap zahlreiche Werte, Einstellungen und Lebens- und Bewältigungswege vermittelt werden. Dazu gehören Werte und Lebenseinstellungen, die den Charakter eines Deutschrap-Hörers beeinflussen, formen und möglicherweise verändern. Es besteht die Möglichkeit, dass Ratschläge der Rapper auf Grundlage von eigenen Lebenserfahrungen von den Hörern angenommen und umgesetzt werden. Des Weiteren können Menschen informell bestimmte Denk- und Verhaltensweisen lernen, welche zuerst von den Interpreten vorgelebt und schließlich von den Hörern angeeignet und übernommen werden.

Alles in allem verifiziert die Analyse von ausgewählten Liedtexten des deutschen Rappers Kontra K auf lerntheoretischer und subjektwissenschaftlicher Basis die Hypothese, dass man unterschiedliche und zahlreiche Kenntnisse und Kompetenzen durch Deutschrap informell lernen kann.

7. Literaturverzeichnis

Bachmair, B. (2007): Mediensozialisation: Entwicklung von Subjektivität in medialen und kulturellen Figurationen. In: Hoffmann, D./ Mikos, L. (Hrsg.): Mediensozialisationstheorien. Neue Modelle und Ansätze in der Diskussion. Wiesbaden: VS, S. 67-91.

Dietrich, M. (2012): Von Miami zum Ruhrpott. Analyse von Gangsta-Rap-Performances in den USA und in Deutschland. In: Dietrich, M./ Seeliger, M. (Hrsg.): Deutscher Gangsta-Rap. Sozial- und kulturwissenschaftliche Beiträge zu einem Pop-Phänomen. Bielefeld: transcript, S. 187-230.

Dohmen, G. (2001): Das informelle Lernen. Die internationale Erschließung einer bisher vernachlässigten Grundform menschlichen Lernens für das lebenslange Lernen aller. In: Bundesministerium für Bildung und Forschung (Hrsg.). Bonn: BMBF Publik.

Holzkamp, K. (1997): Schriften I. Normierung Ausgrenzung Widerstand. Berlin: Argument.

Holzkamp, K. (2009): Schriften V. Kontinuität und Bruch Aufsätze 1970-1972. Hamburg: Argument.

Janitzki, L. (2012): Sozialraumkonzeptionen im Berliner Gangsta-Rap. Eine soziologische Perspektive. In: Dietrich, M./ Seeliger, M. (Hrsg.): Deutscher Gangsta-Rap. Sozial- und kulturwissenschaftliche Beiträge zu einem Pop-Phänomen. Bielefeld: transcript, S. 285-308.

Kühn, H. (1987): Die Ausbildung von Lernmotiven und Lerneinstellungen. In: Lompscher, J. (Hrsg.): Persönlichkeitsentwicklung in der Lerntätigkeit. Ein Lehrbuch für pädagogische Psychologie an Instituten für Lehrerbildung. Berlin: Volkseigener Verlag, S. 79-100.

Kühn, H. (1987): Die Entwicklung sozialistischer Einstellungen, Charaktereigenschaften und Gewohnheiten. In: Lompscher, J. (Hrsg.): Persönlichkeitsentwicklung in der Lerntätigkeit. Ein Lehrbuch für pädagogische Psychologie an Instituten für Lehrerbildung. Berlin: Volkseigener Verlag, S. 146-160.

Langenbach, C. (1994): Musikverhalten und Persönlichkeit 16- bis 18jähriger Schüler. Frankfurt am Main: Peter Lang.

Müller, R. (Hrsg.) (1990): Soziale Bedingungen der Umgehensweisen Jugendlicher mit Musik. Theoretische und empirisch-statistische Untersuchung zur Musikpädagogik. Essen: Die blaue Eule.

Seeliger, M./ Dietrich, M. (2012): G-Rap auf Deutsch. Eine Einleitung. In: Dietrich, M./ Seeliger, M. (Hrsg.): Deutscher Gangsta-Rap. Sozial- und kulturwissenschaftliche Beiträge zu einem Pop-Phänomen. Bielefeld: transcript, S. 21-40.

Schröer, S. (2012): „Ich bin doch kein Gangster!". Implikationen und Paradoxien szeneorientierter (Selbst-) Inszenierung. In: Dietrich, M./ Seeliger, M. (Hrsg.): Deutscher Gangsta-Rap. Sozial- und kulturwissenschaftliche Beiträge zu einem Pop-Phänomen. Bielefeld: transcript, S. 65-84.

Straub, J. (2012): South Bronx, Berlin, und Adornos Wien: Gangsta-Rap als Popmusik. Eine Notiz aus sozial- und kulturwissenschaftlicher Perspektive. In: Dietrich, M./ Seeliger, M. (Hrsg.): Deutscher Gangsta-Rap. Sozial- und kulturwissenschaftliche Beiträge zu einem Pop-Phänomen. Bielefeld: transcript, S. 7-20.

Szillus, S. (2012): Unser Leben- Gangsta-Rap in Deutschland. Ein popkulturell-historischer Abriss. In: Dietrich, M./ Seeliger, M. (Hrsg.): Deutscher Gangsta-Rap. Sozial- und kulturwissenschaftliche Beiträge zu einem Pop-Phänomen. Bielefeld: transcript, S. 41-64.

Süss, D. (2007): Mediensozialisation zwischen gesellschaftlicher Entwicklung und Identitäskonstruktion. In: Hoffmann, D./ Mikos, L. (Hrsg.): Mediensozialisationstheorien. Neue Modelle und Ansätze in der Diskussion. Wiesbaden: VS, S. 109-130.

Wegener, C. (2007): Medienpersonen als Sozialisationsagenten. Zum Umgang Jugendlicher mit medialen Bezugspersonen. In: Hoffmann, D./ Mikos, L. (Hrsg.): Mediensozialisationstheorien. Neue Modelle und Ansätze in der Diskussion. Wiesbaden: VS, S. 185-199.

Onlinequellen:

http://www.duden.de/ [Stand: 10.07.2017].

http://www.nordbayern.de/kultur/rapper-kontra-k-etwas-lauft-falsch-in-unserer-zeit-1.4222266 [Stand: 02.07.2017].

http://www.songtextemania.com/atme_tief_ein_songtext_kontra_k.html [Stand: 04.05.2017].

http://www.songtextemania.com/diamanten_songtext_kontra_k.html [Stand: 04.05.2017].

http://www.songtextemania.com/erfolg_ist_kein_gluck_songtext_kontra_k.html [Stand: 04.05.2017].

http://www.songtextemania.com/gift_songtext_kontra_k.html [Stand: 04.05.2017].

http://www.songtextemania.com/hoffnung_songtext_kontra_k.html [Stand: 04.05.2017].

http://www.songtextemania.com/kampfgeist_2_songtext_kontra_k.html [Stand: 04.05.2017].

http://www.songtextemania.com/mitleid_songtext_kontra_k.html [Stand: 04.05.2017].

http://www.songtextemania.com/nie_wieder_songtext_kontra_k.html [Stand: 04.05.2017].

http://www.songtextemania.com/wo_sie_scheitern_songtext_kontra_k.html [Stand: 04.05.2017].

https://de.wikipedia.org/wiki/Kontra_K [Stand: 27.06.2017].

8. Anhang

Lied 1: Atme tief ein

1 Ich inhalier' tief ein in meine Brust, mein Herz schlägt im Takt zu dem Beat und mich kriegt ihr
2 nicht kaputt
3 Wasch' den Dreck alter Niederlagen weg von meiner Haut, denn ich wachse wie ein Baum ein-
4 fach raus aus dem Sumpf
5 Alles hat ein' Grund, auch warum ich nachts immer wach bleibe, jede Narbe auf der Haut ist ein
6 Abzeichen

7 Und in der Hitze des Gefechts sind die Tränen von gestern der Schluck, der mir hilft, dass ich
8 bei Kraft bleibe
9 Auch ganz allein gegen den Rest der Welt hab' ich immer noch mehr Mut als Verstand
10 Mein Willen und mein Stolz sind wie Nadel und Faden, flicken jede Wunde meines Körper nach
11 dem Kampf wieder zusammen
12 Ich komme runter und überdenke meinen nächsten Zug gut sieben Atemzüge lang
13 Denn solange ein Funken dieses Feuers noch glüht, bündel' ich die Kraft in meiner Faust und
14 greif' einfach wieder an
15 Knochen brechen, aber niemals die Armee meiner Gedanken, die Soldaten halten stand bis zum
16 allerletzten Mann
17 Auch wenn keiner mehr an meiner Seite steht, ist okay, denn ich bin stärker mit dem Rücken zur
18 Wand
19
20 Sammel deine Knochen wieder auf, wenn sie brechen, wische deine Tränen weg und zeig ihn'
21 keine Schwäche
22 Atme tief ein, inhalier den Gedanken des Sieges, dann heb wieder die Fäuste hoch und kämpfe
23 Lass sie reden, lass sie denken, was sie wollen, denn sie wollen immer so viel
24 Doch was dir bleibt ist was ihn' fehlt: dein Stolz - und keiner in der Welt nimmt ihn dir
25
26 Nur wer nie verloren hat, hat auch nie gelebt, denn man muss einmal am Boden gewesen sein,
27 um fest darauf zu stehen
28 Ich lach' den Niederlagen dreist ins Gesicht, denk' mir: Mich kriegt ihr nicht klein, alles ist okay
29 Man weiß den Sieg erst zu schätzen, hat man die Kehrseite der Medaille wirklich mal gesehen
30 Und willst du austeilen wie 'n Champion, dann heißt das, auch mal die Schläge auf die Deckung

31   zu nehmen

32   Und lieber kämpf' ich ganz allein als dass ich die Hände falscher Leute um mein' Hals hab'

33   Die wahre Stärke macht oft einsam, denn es kostet viel mehr Kraft, wenn man mal „Nein!" sagt

34   Auch an einem Scheißtag lass' ich mir die Luft nicht nehmen, ich bin viel zu weit gekommen, um

35   wieder umzudrehen

36   Und hart kämpfen heißt auch über die Runden gehen, denn es scheint auch mal die Sonne in

37   ei'm Hundeleben

38

39   Sammel deine Knochen wieder auf, wenn sie brechen, wische deine Tränen weg und zeig ihn'

40   keine Schwäche

41   Atme tief ein, inhalier den Gedanken des Sieges, dann heb wieder die Fäuste hoch und kämpfe

42   Lass sie reden, lass sie denken, was sie wollen, denn sie wollen immer so viel

43   Doch was dir bleibt ist was ihn' fehlt: dein Stolz - und keiner in der Welt nimmt ihn dir

44

45   Die Feinde auf dei'm Weg und die Last auf deinen Schultern lassen die Muskeln nur wachsen

46   Gewinnen oder verlieren ist egal, wenn du nur kämpfst, denn Charakter ist das Resultat aller un-

47   serer Schlachten

48   Auch allein gegen Hunderttausend bleibt langer Atem die richtige Waffe

49   Denn die Stärke der Schwachen liegt nur in ihrer Masse

50

51   Sammel deine Knochen wieder auf, wenn sie brechen, wische deine Tränen weg und zeig ihn'

52   keine Schwäche

53   Atme tief ein, inhalier den Gedanken des Sieges, dann heb wieder die Fäuste hoch und kämpfe

54   Lass sie reden, lass sie denken, was sie wollen, denn sie wollen immer so viel

55   Doch was dir bleibt ist was ihn' fehlt: dein Stolz - und keiner in der Welt nimmt ihn dir

Lied 2: Diamanten

1 Die besten Diamanten findet man

2 Die besten Diamanten findet man

3 Diamanten findet man nur unter tausend Tonnen Dreck

4

5 Würdest du mir glauben, wenn ich sage: „Uns fehlt nur bisschen Grundvertrau'n!

6 Und eine Blume kann noch wachsen in 'nem dunklen Raum!"?

7 Sag mir, würdest du mir glauben, würdest du mir glauben?

8 Unser Potenzial ist unverbraucht

9 Ein kleiner Blick hinter die Kulissen lohnt sich

10 Wir schimmern wie Blutdiamanten im Mondlicht

11 Mit unschuldigen Augen sieht man Könige der Zukunft

12 Die durch Ketten, die uns fesseln, zu weit weg von ihrem Thron sind

13 Die tragische Logik

14 Wie kann man den Horizont vermissen, wenn man nur drei Blocks weit gewohnt ist?

15 Würdest du mir glauben, wenn ich sage:

16 „Jeder kann der Eine sein, der der Eine unter achtzig Million'n ist!"?

17

18 So viel Smog in der Luft, seh'n die Hand vor den Augen nicht

19 Es schien verlor'n für ein'n Augenblick

20 Auch wenn Babylon im Schlamm versinkt

21 Ist für uns noch Land in Sicht

22 Der Dreck bis zum Hals macht es schwer, wenn man laufen will

23 Wir war'n verlor'n für ein'n Augenblick

24 Weil wir Rohdiamanten sind

25 Ist für uns noch Land in Sicht!

26

27 Die besten Diamanten findet man nur unter tausend Tonnen Dreck

28

29 Würdet ihr mir glauben, wenn ich sage, dass auch ohne Stoff der Schmerz vergeht

30 Und ich noch Feuer unter Eis in eurem Herzen seh'?

31 Sagt mir, würdet ihr mir glauben, würdet ihr mir glauben:

32	Jede Träne, die man unterdrückt, ist ernst zu nehm'n?
33	Die Wahrheit liegt zwischen Reichtum und Abschaum
34	Sie kostet uns nix, nur ein'n Blick weg vom Smartphone
35	Und jeder schafft's schon, ob Alex oder Mahmut
36	Denn Selbstvertrau'n ist Doping, Bruder, fördert unser Wachstum
37	Und die einzige Logik:
38	Man muss seinen Horizont erweitern, auch wenn man nur drei Blocks weit gewohnt ist
39	Und du kannst mir glauben, wenn ich sage:
40	Jeder kann der Eine sein, der der Eine unter achtzig Million'n ist!
41	
42	So viel Smog in der Luft, seh'n die Hand vor den Augen nicht
43	Es schien verlor'n für ein'n Augenblick
44	Auch wenn Babylon im Schlamm versinkt
45	Ist für uns noch Land in Sicht
46	Der Dreck bis zum Hals macht es schwer, wenn man laufen will
47	Wir war'n verlor'n für ein'n Augenblick
48	Weil wir Rohdiamanten sind
49	Ist für uns noch Land in Sicht!
50	
51	Die besten Diamanten findet man nur unter tausend Tonnen Dreck
52	
53	Würdest du mir glauben
54	Dass sogar eine Blume den Asphalt bricht?
55	Und ganz egal, wie verbrannt wir sind
56	Für uns ist noch Land in Sicht
57	
58	So viel Smog in der Luft, seh'n die Hand vor den Augen nicht
59	Es schien verlor'n für ein'n Augenblick
60	Auch wenn Babylon im Schlamm versinkt
61	Ist für uns noch Land in Sicht
62	Der Dreck bis zum Hals macht es schwer, wenn man laufen will
63	Wir war'n verlor'n für ein'n Augenblick
64	Weil wir Rohdiamanten sind
65	Ist für uns noch Land in Sicht!

Lied 3: Erfolg ist kein Glück

1   Da wo sie scheitern, musst du angreifen, in einen höheren Gang schalten

2   Und auch wenn der Rest dann aufgibt, heißt es festbeißen

3   Dran bleiben, anspannen und standhalten

4   Glück nicht verwechseln mit Können, aber dein Können niemals anzweifeln

5   Nie genug, aber auch nie zu große Ziele

6   Mach die Luft in deiner Lunge zu Benzin für die Maschine

7   Den Neid von so vielen zu Öl für das Getriebe

8   Neuer Tag, neues Glück, neue Regeln, neue Spieler

9   Hoch fliegen heißt fallen in die Tiefe

10   Doch ohne große Opfer gibt es großen keine Siege

11   Wir hören kein Nein, kein das geht nicht, kein der Weg ist zu weit

12   Denn nur mit Blut, Schweiß und Tränen bezahlt man die Unendlichkeit

13   Und noch einen anderen Weg kenn ich keinen

14   Und selbst wenn, schätzt man erst den Wert, zahlt man auch den echten Preis

15   Du sagst, du kannst nicht, dann willst du nicht - ganz einfach

16   Talent ist nur Übung und Übung macht den Meister

17

18   Erfolg ist kein Glück

19   Sondern nur das Ergebnis von Blut, Schweiß und Tränen

20   Das Leben zahlt alles mal zurück

21   Es kommt nur ganz drauf an, was du bist

22   Schatten oder Licht

23   Erfolg ist kein Glück

24   Sondern nur das Ergebnis von Blut, Schweiß und Tränen

25   Das Leben zahlt alles mal zurück

26   Es kommt nur ganz drauf an, was du bist

27   Schatten oder Licht

28

29   Neuer Versuch, neues Glück, es ist zu spät für noch nichts

30   Denn man erntet nur so viel, wie man auch gibt

31   Und wenn deine Flamme dann erlischt, warst du nur ein kleines Licht

32 Oder ein Feuer hoch wie Häuser, dass auch brennt bei starkem Wind

33 Du musst es wollen, wie deine Lunge die Luft zum Atmen will

34 Denn Flügel wachsen einem nur, wenn den Mut auch hat und springt

35 Wenn ich stürze, bleib ich liegen, steh ich härter auf und fliege

36 Nur wer Angst hat vor dem Fall, muss ein ganzes Leben kriechen

37 Geh nie auf die Knie, der Blick immer Richtung Sonne

38 Den Anblick speichern für den Fall, dass es mal länger blitzt und donnert

39 Auch wenn man einmal verliert, muss man besser zurückkommen als man ging

40 Der Wille macht das Fleisch auf deinen Knochen zu Beton

41 Nichts ist umsonst, jeden Zentimeter muss man selber gehen

42 Denn von alleine wird nichts kommen

43 Motiviert, der Tunnelblick ans Ziel

44

45 Erfolg ist kein Glück

46 Sondern nur das Ergebnis von Blut, Schweiß und Tränen

47 Das Leben zahlt alles mal zurück

48 Es kommt nur ganz drauf an, was du bist

49 Schatten oder Licht

50 Erfolg ist kein Glück

51 Sondern nur das Ergebnis von Blut, Schweiß und Tränen

52 Das Leben zahlt alles mal zurück

53 Es kommt nur ganz drauf an, was du bist

54 Schatten oder Licht

55

56 Keine Zeit mehr zu warten, lass die Anderen für mich schlafen

57 Die immer träumen von Erfolg, doch zieh durch bis er dann da ist

58 Talent ist harte Arbeit, Perfektion dauert Jahre

59 Wenn sie schreien ich hab es leicht, dann habt ihr leider keine Ahnung

60 Wir kommen tief aus dem Dunklen entgegen der Erwartung

61 Hass und Neid, Blut und Schweiß gibt dem Leben nur mehr Erfahrung

62 Ausdauer ist der Schlüssel für den Ruhm

63 Es gibt viel was mir fehlt, aber davon hab ich genug

64

65 Erfolg ist kein Glück

Lied 4: Gift

1 Wenn man aufwacht, ist die Nacht schwarz wie das Pech

2 Statt der Großstadtromantik der Boden voller Dreck

3 Auch im Sommer ist die Luft hier kälter als man denkt

4 Denn jeder hat ein'n Rücken, aber keiner mehr Respekt

5 Wie ein scheiß Western, nur die Kugeln sind so echt

6 Wie die Trän'n in den Kissen bei unsern Müttern im Bett

7 Sag mir, werd' ich alt oder packt es mich erst jetzt?

8 Warum geh'n wir nicht zusammen, sondern ballern uns nur weg?

9 Ich denk' mich in den Himmel, doch hör die Vögel nicht zwitschern

10 Und statt unser Herz hör'n wir nur den Teufel flüstern

11 Paranoia macht ein'n schlagartig nüchtern

12 Wir beten vor dem Schlafen, doch schalten nochmal das Licht an

13 Jeder schreibt sein Schicksal, also warum geh'n wir klauen

14 Statt zu ackern in 'nem Job, der auch was fit macht?

15 Trauer schreibt Wut auf zu viele Gesichter

16 Das Ego ist zu groß und die Empathie nicht da

17 Ein Wort wird ein Schlag, ein Schlag wird ein Stich

18 Ein Stich wird ein Finger am Abzug, der ihn auch drückt

19 Mann, der Tod wird zu Trauer, Trauer wird zu Hass

20 Hass wird zu Rache, die einer Mutter ihr Kind nahm

21 Sinnlos, wir füttern nur das Feuer mit Benzin

22 Gehen Richtung Hölle, aber träum'n vom Paradies

23 Wollen Frieden im Tod, aber leben einen Krieg

24 Beten für Hilfe, doch der Teufel sind wir

25

26 Sag mir, warum geben wir ei'm Bruder lieber Gift

27 Als eine Hand, die ihm hilft?

28 Sag mir, warum gönnen wir uns gegenseitig nix

29 Und warum isst der Teufel immer mit?

30 Sag mir, warum werden wir nicht größer als wir sind?

31 Warum geben wir uns kampflos hin?

32 Sag mir, warum lassen wir die Dunkelheit gewinn'n?

33 Denn aus dem Schatten brauch es nur ein'n Schritt

34 Nur ein'n Schritt

35

36 Vierundzwanzig Jahre vierundzwanzig Stunden Straße

37 Keine Hoffnung in der Stadt, wo der Tod dich schon erwartet

38 In der Hood hat niemand Namen, sind gewohnt an all die Narben

39 Falsche Freunde, falscher Ort, falscher Zeitpunkt, falsche Taten

40 Er dealt Stuff im Park an bittergrauen Tagen

41 Er sieht Menschen, die hier sterben, doch darf niemals was verraten (pscht)

42 Ich hol' die Kohle ran, guck, ich muss nach oben, Mann

43 Wie ein Berg, den ich bezwing' und die Fahne in den Boden ramm'

44 Es ist kalt, doch es liegt nicht am Winter

45 Und auf dem Spielplatz spiel'n keine Kinder

46 Grausame Welt, Hauptsache, Geld

47 Hauptsache, keine Aussage fällt

48 Und mein Herr, wenn wir uns selbst betrügen

49 Selbst belügen, um mehr zu fühl'n

50 Nichts mehr genügt, wir sind schwer zu führ'n

51 Weil wir den Schmerz nicht spür'n, unser Herz ist kühl

52

53 Sag mir, warum geben wir ei'm Bruder lieber Gift

54 Als eine Hand, die ihm hilft?

55 Sag mir, warum gönnen wir uns gegenseitig nix

56 Und warum isst der Teufel immer mit?

57 Sag mir, warum werden wir nicht größer als wir sind?

58 Warum geben wir uns kampflos hin?

59 Sag mir, warum lassen wir die Dunkelheit gewinn'n?

60 Denn aus dem Schatten brauch es nur ein'n Schritt

61 Nur ein'n Schritt

62

63 Was passiert ist, nicht einfach für jeden

64 Du stehst da und wirst umkreist von Hyänen

65 Den meisten fehlt Anstand

66 Zeigen nie das wahre Gesicht, weil sie Angst hab'n

67	Ich wahre mein Gesicht
68	Sitz' mit falschen Leuten niemals an einem Tisch
69	Es ist alles, wie es ist
70	Schnelles Geld auf der Straße, alles ist Profit
71	Und ich mach' den nächsten Schritt
72	Handel' nicht mehr mit Gift, hab' mich wieder im Griff
73	Und ich mach' den zweiten Schritt
74	Nie wieder Zelle, der Anwalt bekommt nichts
75	Und ich bleibe wie ich bin
76	Immer kühl zu den Leuten, weil ich weiß, wie sie sind
77	Folge meinem Instinkt
78	Bleiben stabil, keiner bleibt liegen
79	
80	Sag mir, warum geben wir ei'm Bruder lieber Gift
81	Als eine Hand, die ihm hilft?
82	Sag mir, warum gönnen wir uns gegenseitig nix
83	Und warum isst der Teufel immer mit?
84	Sag mir, warum werden wir nicht größer als wir sind?
85	Warum geben wir uns kampflos hin?
86	Sag mir, warum lassen wir die Dunkelheit gewinn'n?
87	Denn aus dem Schatten brauch es nur ein'n Schritt
88	Nur ein'n Schritt

Lied 5: Hoffnung

1 Wir sehnen uns weg von hier, immer grade, wenn die Lage wieder eskaliert

2 Wenn der Ausweg verschwindet im düsteren Schatten, klammern wir uns fest an dir

3 Du hast schon Berge versetzt, denn solange wie der Glauben an dich existiert

4 Ist auch der Gedanke, dass morgen ein besserer Tag wird, nie zu weit weg von mir

5 Du bist die Kraft in all unsern Taten, das, was uns Halt gibt

6 Wie eine Flamme, die uns wärmt, auch wenn es schneit und die Wirklichkeit kalt ist

7 Nur durch dich hat jeder Kampf einen Sinn, auch wenn man ihn nicht gewinnt

8 Weil du flüsterst: „Gib nicht auf!", denn jeder wird stärker mit dir an der Seite

9 Es ist noch nichts verloren, solange du sagst, es gibt eine Chance

10 Würd' ich dir folgen, solang' meine Beine mich tragen, bis hin zu ei'm besseren Ort

11 Denn du bist das Licht, die Kerze im Wind, die niemals erlischt

12 Du bist der Fallschirm, der uns rettet, doch auch der Grund, warum man springt

13 Einer der Gründe, warum mein Sound genauso klingt

14 Und auch dafür, dass ich an dem schlechtesten Tag meines Lebens die beste Version von mir

15 bin

16 Du frisst die Angst, schenkst mir Mut und neue Kraft

17 Bist der Stern, der uns den Weg zeigt, in der tiefschwarzen Nacht

18

19 Denn nur du stirbst zuletzt, schenkst uns den Glauben an uns selbst

20 Und dass Morgen alles besser wird als jetzt

21 Du nimmst uns die Schmerzen von heute

22 Du wunderschöne Hoffnung, oh du wunderschöne Hoffnung

23 Denn nur du stirbst zuletzt, schenkst uns den Glauben an uns selbst

24 Und dass Morgen alles besser wird als jetzt

25 Beschütz unsere Träume

26 Du wunderschöne Hoffnung, oh du wunderschöne Hoffnung, bitte geh nicht weg

27

28 Du lässt uns Schmerz vergessen, auch wenn wir wieder mal durch Scherben laufen

29 Für uns die Sonne aufgehen, da, wo die Wolken viel zu grau sind

30 Du differenzierst nicht anhand der Herkunft oder dem Glauben

31 Du bist der eine Soldat, der nie kapituliert - auch gegen hunderttausend

32	Bist meine einzige Medizin, die mir noch hilft gegen den Ast, der in meinem Bauch ist
33	Und genau dann, wenn ich dich brauche, die ganze Kraft, die in meiner Faust ist
34	Du verzeihst noch, auch wenn das Fass lange überläuft
35	Sogar mit den Messern im Rücken noch immer mehr Liebe als falschen Stolz
36	Gibst den Glauben daran nie auf, dass die Welt nicht immer nur enttäuscht
37	Und würdest blind für jemanden in den Tod gehen, wenn er dir beweist, er ist dein Freund
38	Und egal, wohin ich komm', ich trage dich da, wo mal mein Herz war
39	Sogar auf meiner Brust machst du sein Schlagen wieder hörbar
40	Keine Wörter, die beschreiben, was du auslöst
41	In den Menschen, Knochen brechen, aber nie dein' Wille, Schmerz wird ausgeblendet
42	Jedes Hindernis wird kleiner
43	Und solange nur ein Funken von dir bleibt, stoppt uns keiner
44	
45	Denn nur du stirbst zuletzt, schenkst uns den Glauben an uns selbst
46	Und dass Morgen alles besser wird als jetzt
47	Du nimmst uns die Schmerzen von heute
48	Du wunderschöne Hoffnung, oh du wunderschöne Hoffnung
49	Denn nur du stirbst zuletzt, schenkst uns den Glauben an uns selbst
50	Und dass Morgen alles besser wird als jetzt
51	Beschütz unsere Träume
52	Du wunderschöne Hoffnung, oh du wunderschöne Hoffnung, bitte geh nicht weg

Lied 6: Kampfgeist 2

1 Wenn du fällst, wieder aufsteh'n und angreifen

2 Niemals deine Angst zeigen

3 Deckung wieder zu, standhalten

4 Topmotiviert, auch bei Niederlagen Mann bleiben

5 Fairness gewinnt, immer dem Gegner die Hand reichen

6 Der Puls rennt, die Schwäche in dir drin verbrennt

7 Jedes Training, Digga, steigert dich um ein Prozent

8 Einen für die Power, zwei für den Trainer

9 Drei für deinen Verein, und noch mal zehn für dich selbst

10 Wieder von vorn', erst im Grenzbereich lernt man sich kennen

11 Du allein dein größter Feind, also rausgeh'n und rennen

12 Renn' bis die Lunge explodiert

13 Neid kennen wir nicht

14 Denn es gibt immer einen, der noch härter trainiert

15 Es liegt an dir, wie viel Willen und Kraft du investierst

16 Wie viel Liebe, wie viel Zeit, denn keiner kämpft um zu verlieren

17 Hier heißt es nicht: Wer hat die stärksten Freunde?

18 Weil Status und Herkunft im Ring nichts bedeuten

19

20 Nur für dein Image, doch wir leben den Scheiß

21 Jeder Sieg will ein' Preis, dein Blut und Schweiß

22 Denn es steckt in den Knochen und holt dich jeden Tag ein

23 Auf zur nächsten Einheit - Sport frei

24

25 Meine Art zu denken

26 Zu atmen, zu leben, zu kämpfen

27 Allein der Ehrgeiz überschreitet Grenzen

28 Disziplin, ein Wille wie Granit tötet alle deine Schwächen

29 Meine Art zu denken (immer bereit sein)

30 Zu atmen, zu leben, zu kämpfen (also bedenke)

31 Allein der Ehrgeiz überschreitet Grenzen

32 Disziplin, ein Wille wie Granit tötet alle deine Schwächen

33	Sport frei
34	
35	Der Geist in deinem Körper
36	Motiviert dich mehr, als jedes ihrer Wörter
37	Denn man ackert, wie 'ne Maschine
38	Dein Herz ist der Motor und schlägt
39	Nicht nur für deine Gegner laut und deutlich hörbar
40	Es gibt dir nur zurück, was du investierst
41	Fressen, saufen, kiffen, aber nicht bei mir
42	Ausnahmen okay, doch dann wieder funktionier'n
43	Denn einen Tag blau heißt wieder zwei Tage trainier'n - okay
44	Deine Drogen? Scheiß' drauf, ich push meinen Kreislauf
45	Zehn Kilometer renn' und lieber fit sein als einen bau'n
46	Während sie high sind
47	Bin ich knock out von zehn Runden Sandsack
48	Noch Power für den übernächsten Kraftakt
49	Von Montag bis Samstag sonst krieg' ich ein' Anfall
50	Und zerbreche einfach alles, was ich anfass'
51	Junkie? Kann sein, doch nur von diesem Lifestyle
52	Fitter als der Rest und jedes Team bildet 'ne Einheit
53	
54	Nur für dein Image, doch wir leben den Scheiß
55	Jeder Sieg will ein' Preis, dein Blut und Schweiß
56	Denn es steckt in den Knochen und holt dich jeden Tag ein
57	Auf zur nächsten Einheit - Sport frei
58	
59	Meine Art zu denken
60	Zu atmen, zu leben, zu kämpfen
61	Allein der Ehrgeiz überschreitet Grenzen
62	Disziplin, ein Wille wie Granit tötet alle deine Schwächen
63	Meine Art zu denken (immer bereit sein)
64	Zu atmen, zu leben, zu kämpfen (also bedenke)
65	Allein der Ehrgeiz überschreitet Grenzen
66	Disziplin, ein Wille wie Granit tötet alle deine Schwächen

67	Sport frei
68	
69	Ein einziger Gedanke wird zur Art, wie man lebt
70	Und ein Ziel, was noch Traum war, schon bald Realität
71	Denn nur, wer keinen Bock hat, hat Gründe
72	Doch wer wirklich will, findet immer einen Weg
73	Und er geht mit dem Kopf durch Wände
74	Seinem Herz am rechten Fleck immer bis an's Ende
75	Denn wirklich große Ziele machen Mensch zu Maschine
76	Ob du einer von ihnen bist liegt nur in deinen Händen
77	
78	Meine Art zu denken
79	Zu atmen, zu leben, zu kämpfen
80	Allein der Ehrgeiz überschreitet Grenzen
81	Disziplin, ein Wille wie Granit tötet alle deine Schwächen
82	Meine Art zu denken (immer bereit sein)
83	Zu atmen, zu leben, zu kämpfen (also bedenke)
84	Allein der Ehrgeiz überschreitet Grenzen
85	Disziplin, ein Wille wie Granit tötet alle deine Schwächen
86	Sport frei
87	
88	Mach dich fitter als der gottverdammte Rest
89	100 Prozent
90	Mach dich fitter als der gottverdammte Rest
91	101 Prozent

Lied 7: Mitleid

1 Kein böses Blut in meinen Adern trotz einer Seele voller Narben

2 Und jede Wunde auf meinem Körper trägt mit Freude ihren Namen

3 Ich fange jede Kugel an der Front für die Soldaten

4 Denn nur die Schmerzen jedes Kampfes sind der Grund, warum ich stark bin

5 Ey, so viele, die sagen, du kannst nicht, weil dann die Angst ist, dass du noch besser als sie

6 wirst

7 Dass du herausstichst aus dieser Masse, da, wo die andern verzweifelt liegen

8 Auch wenn der Hass, den sie haben, für einen Menschen viel zu viel ist

9 Denn sie suchen nur noch nach Gesellschaft auf ihrem Weg in Richtung Tiefe

10 Denn jeder Tropfen, den man blutet, jede Träne, die man weint

11 Jedes Messer in deinem Rücken machen deinen Panzer nur hart wie Stein

12

13 Man wächst an jeder Kugel, die ein' trifft

14 Und nur in der Dunkelheit schärft man seinen Blick

15 Denn das Meer wird schwarz wie die Nacht, umso tiefer man sinkt

16 Jede Wunde gibt dir Kraft für den Tag, an dem es heißt, mit dem Kopf zurück über Wasser zu

17 schwimmen

18 Sie machen dich stark, härten dich ab

19 Die Momente ohne Mitleid

20

21 So viele Streitereien und Scherben, falsche Freunde auf dem Weg

22 Doch wenn es wehtut, schätzt man wirklich jeden Meter, den man geht

23 Mein' Willen und mein' Stolz schafft mir niemand zu nehmen

24 Und wenn mich gestern nicht umgebracht hat, dann wird morgen kein Problem

25 Ey, genau die Momente, die brennen wie Flammen auf deiner Haut, machen dich schmerzresis-

26 tent

27 Der Weg an die Spitze heißt, bluten für das, was man so sehr begehrt, dass man hart dafür

28 kämpft

29 Auch eine Million' deiner sogenannten Freunde können dir nicht helfen, wenn es mal brennt

30 Das Feuer in deiner Brust, was immer wieder sagt: „Es gibt nix geschenkt!"

31

32 Denn jeder Tropfen, den man blutet, jede Träne, die man weint

33	Jedes Messer in deinem Rücken machen deinen Panzer nur hart wie Stein
34	
35	Man wächst an jeder Kugel, die ein' trifft
36	Und nur in der Dunkelheit schärft man seinen Blick
37	Denn das Meer wird schwarz wie die Nacht, umso tiefer man sinkt
38	Jede Wunde gibt dir Kraft für den Tag, an dem es heißt, mit dem Kopf zurück über Wasser zu
39	schwimmen
40	Sie machen dich stark, härten dich ab
41	Die Momente ohne Mitleid
42	
43	All die leeren Versprechen heilen leider keine Einschusswunden
44	Und so viel Selbstmitleid zieht dich nur wie Blei nach unten
45	Der Weg nach oben ist der schwerste, den es gibt
46	Doch Erfolg ist wie eine kugelsichere Weste, die dich schützt
47	
48	Man wächst an jeder Kugel, die ein' trifft
49	Und nur in der Dunkelheit schärft man seinen Blick
50	Denn das Meer wird schwarz wie die Nacht, umso tiefer man sinkt
51	Jede Wunde gibt dir Kraft für den Tag, an dem es heißt, mit dem Kopf zurück über Wasser zu
52	schwimmen
53	Sie machen dich stark, härten dich ab
54	Die Momente ohne Mitleid
55	
56	Sie machen dich stark, härten dich ab
57	Die Momente ohne Mitleid

Lied 8: Nie Wieder

1 Vielleicht durch das Alter wird man nur noch reifer

2 Bevor ich durchdreh', denk' ich gleich nach, halte oft den Ball flach

3 Alles geht so einfach, mein Alltag viel leichter

4 Weil ich jetzt weiß, was passiert, wenn man es falsch macht

5 Nie wieder würd' ich lügen und erst recht nicht bei Freunden

6 Meinem Vater in die Augen gucken und die Drogen leugnen

7 Nie wieder würd' ich tanzen mit dem weißen Teufel

8 Oder meine Loyalität verschenken an die falschen Leute

9 Nie wieder mit der Meute abziehen statt Boxsport

10 Und hätt' ich nie gekifft wie ein Junkie, wär' mein Gehirn noch

11 In Topform, Paranoia müsste ich nie haben

12 Und nie wieder würd' ich Schwächere schlagen

13 Denn Karma kommt zurück an den schlechteren Tagen

14 Grade wenn man's nicht erwartet, schlägt das Schicksal einen harten rechten Haken

15 Nie wieder würde ich klauen bei Menschen, die mir vertrauen

16 Nie wieder wird was wichtiger, wenn mein Sohn mich braucht

17

18 So viele Wunden, Narben, falsche Taten - all die Jahre mit viel Problemen

19 Einen Tag von der Hand im Mund, den andern dann wie Könige gelebt

20 Doch ich würde niemals, niemals, niemals

21 Ein' anderen Weg gehen

22 So viele Wunden, Narben, falsche Taten - all die Jahre mit viel Problemen

23 Einen Tag von der Hand im Mund, den andern dann wie Könige gelebt

24 Doch ich würde niemals, niemals, niemals

25 Ein' anderen Weg gehen

26

27 Was man nicht alles schon verkackt hat, sich oft benomm' wie ein Bastard

28 Die Menschen, die einem was Gutes wollten, hielte ich auf Abstand

29 Nie wieder würde ich Schule schmeißen nur für das, was Spaß macht

30 Dann behaupten wie ein dummes Kind, dass Straße ein' zum Mann macht

31 Nie mehr Highlife vor Arbeit oder Jackpots vor Freundschaft

32 Lieber allein mit der Wahrheit als rumhängen mit Heuchlern

33 Nie wieder lass' ich Ratten auf mein Schiff

34 Mach' mich grade für die Falschen, doch lass' Leute, die seit Jahren an meiner Seite sind, im

35 Stich

36 Ich lass' sicher nicht mehr zu, dass irgendwer mein' Kopf fickt

37 Und nie wieder fall' ich rein auf eine Bitch

38 Ich fress' nie wieder alle deine Probleme in mich rein

39 Nie wieder will ich sehen, dass mein Blut wegen mir weint

40 Und nie wieder will ich denken, ich mach' nie wieder was falsch

41 Und will nie wieder sagen „Bis bald!", doch meinen „- nie wieder"

42 Alle Sünden und Fehler nehm' ich hin

43 Und werde nie wieder bereuen, was ich bin

44

45 So viele Wunden, Narben, falsche Taten - all die Jahre mit viel Problemen

46 Einen Tag von der Hand im Mund, den andern dann wie Könige gelebt

47 Doch ich würde niemals, niemals, niemals

48 Ein' anderen Weg gehen

49 So viele Wunden, Narben, falsche Taten - all die Jahre mit viel Problemen

50 Einen Tag von der Hand im Mund, den andern dann wie Könige gelebt

51 Doch ich würde niemals, niemals, niemals

52 Ein' anderen Weg gehen

53

54 Man hat so viel erlebt, die Augen haben zu viel gesehen, doch kein' anderen Weg würd' ich

55 wählen

56 Alle meine Fehler haben mich stark gemacht, an manchen Tagen war der Tatendrang viel zu

57 extrem

58 Doch hätt' ich nicht gemacht, was ich gemacht hab', müsst' ich nicht bereuen, denn mein Leben

59 wär' nur Standard und ich könnt' euch nichts erzählen

60

61 So viele Wunden, Narben, falsche Taten - all die Jahre mit viel Problemen

62 Einen Tag von der Hand im Mund, den andern dann wie Könige gelebt

63 Doch ich würde niemals, niemals, niemals

64 Ein' anderen Weg gehen

<u>Lied 9: Wo sie scheitern</u>

1   Und auch wenn es dann schwer wird, halt den Schmerzen nur Stand, beiss

2   Deine Zähne zusammen, solang dein Herz noch schlägt

3   Und du atmest, greif wieder an, wo sie scheitern

4   Glaube mir kein Tag wird leichter, denn immer nur

5   Tief in der Scheiße, trennt sich die Spreu von dem Weizen

6

7   Und auch wenn es dann schwer wird, halt den Schmerzen nur Stand, beiss

8   Deine Zähne zusammen, solang dein Herz noch schlägt

9   Und du atmest, greif wieder an, wo sie scheitern

10 Glaube mir kein Tag wird leichter

11 Denn immer nur tief in der Scheiße

12 Trennt sich die Spreu von dem Weizen - leider

13

14 Und auch wenn es dann schwer wird, halt den Schmerzen nur Stand, beiss

15 Deine Zähne zusammen, solang dein Herz noch schlägt

16 Und du atmest, greif wieder an, wo sie scheitern

17 Glaube mir kein Tag wird leichter, denn immer nur

18 Tief in der Scheiße, trennt sich die Spreu von dem Weizen

19

20 Und auch wenn es dann schwer wird, halt den Schmerzen nur Stand, beiss

21 Deine Zähne zusammen, solang dein Herz noch schlägt

22 Und du atmest, greif wieder an, wo sie scheitern

23 Glaube mir kein Tag wird leichter

24 Denn immer nur tief in der Scheiße

25 Trennt sich die Spreu von dem Weizen - leider

26

27 Da, wo sie aufhören greife ich an, immer da für meine Jungs, so gut ich

28 Kann, jeder einzelne Tag in meinem Leben heißt: ich werde ein stabilerer Mann

29 Mit dem Kopf durch Wände, acker mit den Händen, bis an mein Ende - Verdammt

30 Und bleibe lieber grade, legal oder Straße, halte das Rudel zusammen

31 Reich' mir die Hand, denn auf mein Wort ist verlass

32 In dieser falschen drecks Welt einer der Letzten ohne Hass

33 Ich folge der Fährte des Ruhms aber halte mich fern von dem Teufel

34 Sie reden von tausenden Brüdern, ich hab' eine Handvoll mit Freunden

35 Die paar sind mehr wert als eine Millionen dieser ekligen Heuchler

36 Denn sie verzeihen dir, auch wenn du sie mal enttäuscht hast

37 Und auch wenn dann alles brennt, kann ich sehen wo ich in Flammen steh

38 Denn ich hab mein Bestes gegeben, dagegen anzugehen

39

40 Und auch wenn es dann schwer wird, halt den Schmerzen nur Stand, beiss

41 Deine Zähne zusammen, solang dein Herz noch schlägt

42 Und du atmest, greif wieder an, wo sie scheitern

43 Glaube mir kein Tag wird leichter, denn immer nur

44 Tief in der Scheiße, trennt sich die Spreu von dem Weizen

45

46 Und auch wenn es dann schwer wird, halt den Schmerzen nur Stand, beiss

47 Deine Zähne zusammen, solang dein Herz noch schlägt

48 Und du atmest, greif wieder an, wo sie scheitern

49 Glaube mir kein Tag wird leichter

50 Denn immer nur tief in der Scheiße

51 Trennt sich die Spreu von dem Weizen - leider

52

53 Vierundzwanzig Stunden, sieben Tage die Woche

54 Zu viele offene Wunden, aber noch tragen die Knochen

55 Und ganz egal was es kostet, ich habe immer noch genug Luft

56 In meiner Lunge für zwölf weitere Runden

57 In diesem versteinerten Dschungel, Nerven aus Teflon, denn

58 Keiner von diesen Wichsern zieht mich noch runter

59 Ich halte mich so gut es geht - unverwundbar

60 Und baue mich auf, da wo sie fallen

61 Bruder keiner gibt dir die Zeit zurück

62 99% eigenes Können, okay der Rest ist Glück

63 Denn da wo der Panzer wächst

64 Ist leider auch, wo dein Herz nicht ist

65 Sei ma' auf der Flucht vor dem Schatten, rein in das Licht

66 Gott sei Dank, denn ich seh' immer noch mein Gesicht in dem Spiegel

67	Ohne zu kriechen, denn ein Wolf ist immer loyal zur Familie
68	
69	Und auch wenn es dann schwer wird, halt den Schmerzen nur Stand, beiss
70	Deine Zähne zusammen, solang dein Herz noch schlägt
71	Und du atmest, greif wieder an, wo sie scheitern
72	Glaube mir kein Tag wird leichter, denn immer nur
73	Tief in der Scheiße, trennt sich die Spreu von dem Weizen
74	
75	Und auch wenn es dann schwer wird, halt den Schmerzen nur Stand, beiss
76	Deine Zähne zusammen, solang dein Herz noch schlägt
77	Und du atmest, greif wieder an, wo sie scheitern
78	Glaube mir kein Tag wird leichter
79	Denn immer nur tief in der Scheiße
80	Trennt sich die Spreu von dem Weizen - leider
81	
82	Und auch wenn es dann schwer wird, halt den Schmerzen nur Stand, beiss
83	Deine Zähne zusammen, solang dein Herz noch schlägt
84	Und du atmest, greif wieder an, wo sie scheitern
85	Glaube mir kein Tag wird leichter, denn immer nur
86	Tief in der Scheiße, trennt sich die Spreu von dem Weizen
87	
88	Und auch wenn es dann schwer wird, halt den Schmerzen nur Stand, beiss
89	Deine Zähne zusammen, solang dein Herz noch schlägt
90	Und du atmest, greif wieder an, wo sie scheitern
91	Glaube mir kein Tag wird leichter
92	Denn immer nur tief in der Scheiße
93	Trennt sich die Spreu von dem Weizen - leider
94	
95	Und auch wenn es dann schwer wird halt den Schmerzen noch Stand, beiss
96	Deine Zähne zusammen, solang dein Herz noch schlägt
97	Und du atmest, greif wieder an, wo sie scheitern
98	Und glaub mir - kein Tag wird leichter
99	Denn immer nur tief in der Scheiße
100	Trennt sich die Spreu von dem Weizen - leider